W0370328

Illustrations : Francisca Valiente

© 2014 Susaeta Ediciones, S.A.
Tous droits réservés.
© 2014 **Éditions Piccolia**
5, rue d'Alembert
91240 Saint-Michel-sur-Orge
Dépôt légal : 2e trimestre 2014
Loi n°49-956 du 16 juillet 1949
sur les publications destinées à la jeunesse.
Imprimé en Espagne.

OBSERVE LES BATEAUX ANCIENS

Piccolia

LES PREMIERS NAVIRES

Pour se déplacer sur l'eau, l'homme a utilisé les matériaux qu'il avait à sa disposition : le bois, les peaux d'animaux... Les premiers navires étaient simples mais permettaient de voyager, faire du commerce et trouver de la nourriture.

Un **radeau en bois** n'est pas un bateau mais une plate-forme flottante.

Il y a 7 canoës dans la mer. Les vois-tu ?

Trouve 3 objets qui n'existaient pas à cette époque.

Grâce à un simple **tronc évidé,** l'homme s'est aventuré sur les mers, les lacs et les rivières à la recherche de nouveaux territoires ou pour trouver de la nourriture.

2 enfants ont un objet qu'ils ne devraient pas porter au poignet. Les vois-tu ?

Des **peaux d'animaux** étaient cousues puis gonflées pour être utilisées comme radeaux.

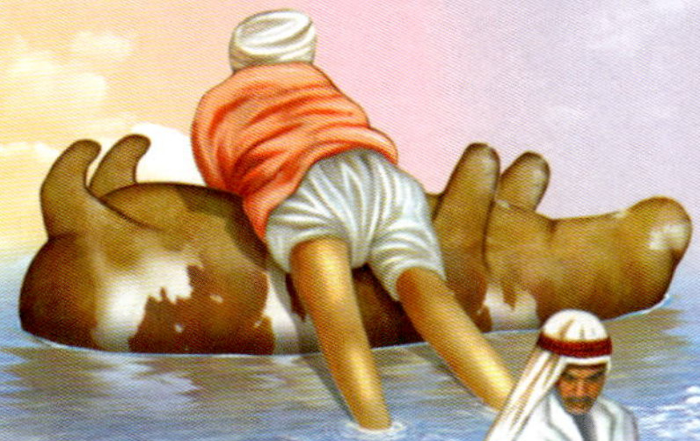

Dans certains pays arabes, on utilisait une sorte de panier tapissé de **fourrure** que l'on dirigeait avec une pagaie.

Vois-tu les 4 paniers remplis de poissons ?

Le **coracle** est un bateau léger de forme ronde ou ovale. Il est encore utilisé pour la pêche sur les ruisseaux et les rivières. L'inconvénient est qu'il n'est pas très stable.

Un canoë transporte des bananes. Cherche-le.

On appelle barque une construction concave, ovale et allongée capable de flotter grâce à sa forme.

Un masque de plongée a été oublié. Trouve-le.

Les premiers **kayaks** que les **Inuits** utilisaient il y a des milliers d'années étaient fabriqués avec des peaux de phoques. Il ne pouvait y avoir qu'un seul passager dans chaque kayak.

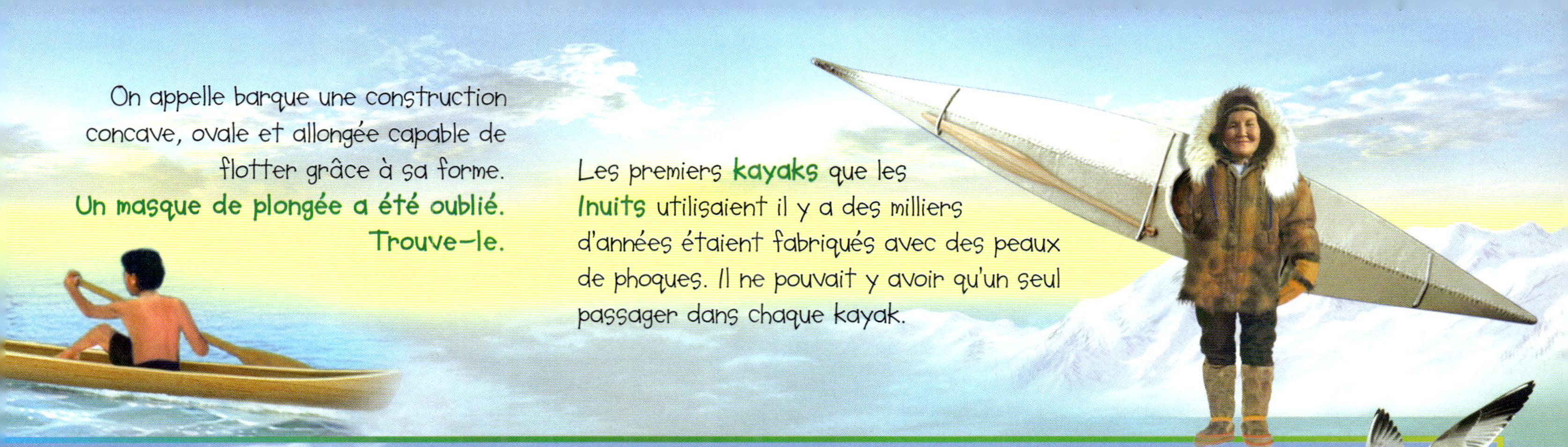

Quelqu'un porte un gilet de sauvetage. Retrouve-le.

LES BATEAUX PHÉNICIENS

Les Phéniciens étaient un peuple de navigateurs, d'explorateurs et de commerçants. Originaires du Moyen-Orient, ils ont fini par dominer la Méditerranée et en sont devenus les maîtres incontestés pendant l'Antiquité.

Sur les bateaux de guerre phéniciens, il pouvait y avoir jusqu'à trois rangées de rameurs de chaque côté du navire, ce qui le rendait plus rapide et maniable.

Retrouve les 5 paniers de tomates.

2 objets n'appartenant pas à cette époque se sont glissés dans l'image.

Les **Phéniciens** utilisaient différents types de bateaux suivant les usages : le commerce, la guerre ou la navigation (sur de petites embarcations). Ces bateaux étaient fabriqués en bois de cèdre ou de sapin et propulsés par des rames et des voiles. Ils étaient réputés dans toute la Méditerranée.

Une souris s'est glissée sur le bateau. Retrouve-la.

Les cales renfermaient une cargaison variée : des jarres remplies de poisson salé, d'huile et de céréales, des armes, du bois et même des animaux.

3 chiens voyagent à bord de ces navires. Les vois-tu ?

Grâce à leurs embarcations performantes, ils ont exploré les côtes du **Moyen-Orient** aux **îles Britanniques** et ont longé les **côtes africaines**.
6 amphores se sont brisées au cours du voyage. Les vois-tu ?

Un chariot a perdu une roue. Trouve-la.

La **proue** des navires phéniciens était ornée d'une figure représentant une tête de cheval. La poupe était sculptée en forme de queue de poisson.

LES BATEAUX ÉGYPTIENS

Dans l'Égypte ancienne, la plus grande partie des transports s'effectuait sur le Nil. La navigation fluviale était essentielle pour le commerce et l'économie égyptienne. Les Égyptiens ont inventé différents types de bateaux, sans quille, leur permettant de naviguer facilement... même lorsqu'il n'y avait pas beaucoup d'eau !

Trouve 3 objets qui n'ont rien à faire dans cette image.

Les **pharaons** voyageaient sur des bateaux très luxueux ornés de frises et de peintures.
Cherche 3 paniers de poissons.

Les Égyptiens construisaient des **radeaux de roseaux** qu'ils utilisaient pour pêcher sur le Nil. **Peux-tu trouver 2 coffres au trésor ?**

Ils ont conçu des **barges** pour le transport du bétail.
Ces Égyptiens ont égaré 5 poules.
À toi de les retrouver.

Ils transportaient de grandes quantités de **blé** et **d'aliments** sur de petites barges.
Cherche 2 autres sacs.

LES BATEAUX GRECS

Les Grecs se sont inspirés des Phéniciens et des peuples habitant les bords de la mer Méditerranée pour créer des bateaux de guerre performants. Au lieu d'avoir deux rangées de rameurs de chaque côté, ils pouvaient en posséder trois ou quatre.

3 Grecs ont apporté leurs animaux de compagnie. Les vois-tu ?

Les nombreuses explorations pour conquérir de **nouveaux territoires** ont obligé les Grecs à améliorer les capacités de leurs navires.

4 paniers de légumes ont été perdus. Cherche-les.

Les navires grecs avaient une immense **figure de proue**, ornée de deux grands yeux représentant ceux des dieux ; ils portaient chance au navire et à l'équipage.

3 boucliers sont différents des autres. À toi de les trouver.

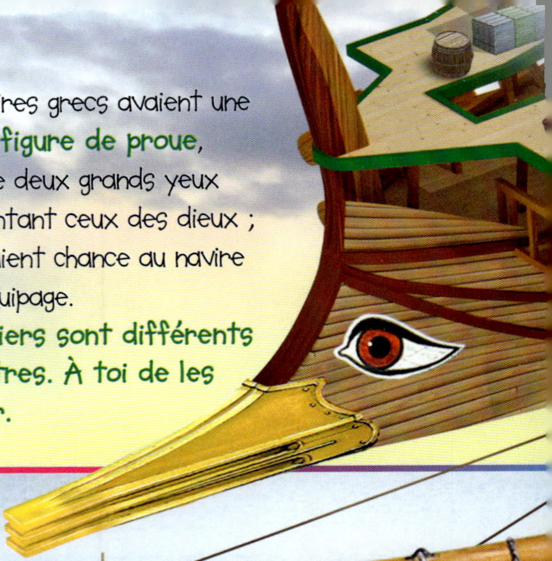

Les premiers navires de guerre n'avaient qu'une seule rangée de rameurs. Leur **coque arrondie** leur permettait de s'échouer sur les plages sans difficulté pour débarquer. Ils étaient équipés d'un mât démontable et d'une voile carrée, utilisée pour les traversées en haute mer.

Sauras-tu retrouver 5 tonneaux ?

Ensuite sont apparues les **birèmes**, composées de deux rangées de rameurs de chaque côté du navire, puis les **trirèmes**, avec trois rangées de rameurs. Tout ceci a permis d'augmenter la durée et la distance des voyages.

Peux-tu trouver 2 marchands qui portent des sacs ?

Les rameurs étaient positionnés de telle façon que les rames ne pouvaient pas se toucher. Ainsi, le bateau gagnait en vitesse.

Cherche le bateau qui transporte des amphores.

LES GALÈRES ROMAINES

Les Romains héritèrent des compétences des Grecs et des Phéniciens. Ils construisirent des bateaux encore plus grands : les galères. Celles-ci pouvaient avoir jusqu'à six rangées de rameurs de chaque côté du navire !

2 cow-boys se sont glissés dans l'image. À toi de les trouver.

La tactique **d'abordage** des galères consistait à s'approcher du vaisseau ennemi et à tendre une passerelle (nommée le « corvus ») que les marins romains empruntaient pour passer sur le bateau attaqué.

Trouve les 15 soldats romains sur la galère.

Vers le IIIe siècle av. J.-C., après leur victoire sur les Carthaginois, les **Romains** devinrent les maîtres incontestés de la mer Méditerranée.

Cherche le soldat romain qui porte un étendard.

Les rameurs étaient composés d'hommes libres ou d'esclaves. La **vie à bord** était très dure. Tous ces hommes devaient ramer sans s'arrêter... surtout lors des batailles navales !

La **maladie** et la **faim** coûtaient souvent la vie aux rameurs. **À toi de trouver 2 soldats de la Seconde Guerre mondiale !**

LES BATEAUX CHINOIS

La jonque est l'un des plus anciens bateaux à voiles connus, encore utilisée de nos jours dans de nombreuses régions d'Asie du Sud-Est. Comme elle n'a pas de quille, elle peut naviguer en eaux peu profondes.

Les **dragons** sont beaucoup représentés dans la culture chinoise. De grands bateaux sont construits avec des proues en forme de tête de dragon.
Cherche 2 paniers de poissons.

Peux-tu trouver 7 grues ?

Les **voiles** de ce bateau sont constituées de tissu épais et renforcées par des roseaux. Cela leur donne une grande résistance et une excellente capacité de propulsion.
À toi de trouver 1 panier de pommes de terre.

Le **sampan** est une petite embarcation typique de la Chine, utilisée pour la pêche et les petits transports. Certains sampans ont une petite cabine et servent de maison flottante.
2 régimes de bananes ont été oubliés. Les vois-tu ?

Aujourd'hui, les bateaux chinois sont surtout utilisés dans la vente des fruits et des légumes.

Il y a 15 chapeaux chinois dans cette image. Cherche bien !

LE DRAKKAR VIKING

Les drakkars vikings ont été conçus pour être à la fois très maniables et légers. Ces bateaux rapides vont permettre aux Vikings de commercer et conquérir de nouveaux territoires. Ils vont parcourir une grande partie des mers d'Europe et participer à de nombreuses batailles.

Les drakkars étaient des armes efficaces lors des guerres. Ils permettaient aux Vikings de mener des **attaques rapides** tout en transportant de nombreux guerriers. **3 Vikings portent des haches. Les vois-tu ?**

2 soldats romains se sont glissés dans l'image. Les vois-tu ?

Les **drakkars** étaient capables de naviguer dans des eaux peu profondes. Ils pouvaient même débarquer sur les plages.
Trouve le Viking avec un bouclier romain.

Le drakkar, appelé ainsi en référence à sa figure de proue en forme de tête de **dragon**, était un bateau léger ; il avait des rames sur presque toute la longueur de sa coque en plus de sa grande voile.

5 Vikings ont une épée à la main. Retrouve-les !

LES BATEAUX PIRATES

Les pirates étaient des bandits qui sillonnaient toutes les mers du monde et volaient les cargaisons des autres bateaux. Dans ces cargaisons se trouvaient de véritables trésors : or, pierres précieuses, épices... Ils s'emparaient aussi du bateau attaqué et continuaient à naviguer avec.

Un pirate a embarqué 2 objets d'aujourd'hui. Cherche-les.

Dans la **cale** de leur bateau, les pirates transportaient des vivres, du vin et de l'eau. C'est aussi là qu'ils dormaient dans des hamacs. La vie à bord était rythmée par les corvées : recoudre les voiles, fabriquer des cordes... Quand leur bateau était trop endommagé, les pirates en attaquaient un autre pour le remplacer.

3 pirates se sont endormis. Les vois-tu ?

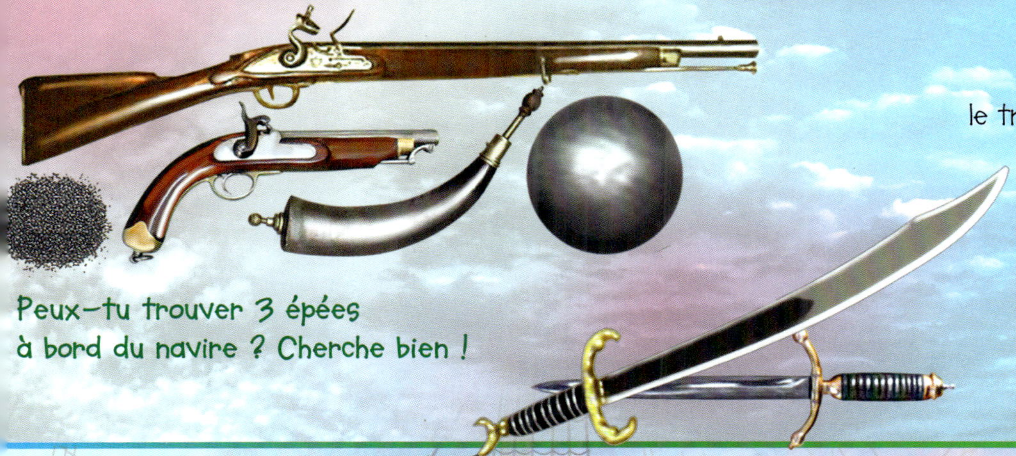

Peux-tu trouver 3 épées à bord du navire ? Cherche bien !

Les **paniers en osier** étaient utilisés pour le transport des aliments car ils étaient très légers.
Retrouve les 4 paniers embarqués à bord.

LES NEFS ET LES CARAVELLES

Les nefs et les caravelles étaient de grands bateaux principalement utilisés pour le commerce. Ces navires pouvaient transporter beaucoup de marchandises. Des explorateurs s'en sont aussi servis pour parcourir les océans et découvrir de nouvelles terres.

Trouve le nid-de-pie sur chacun des bateaux.

Les navires étaient équipés d'un **nid-de-pie** pour le matelot de vigie ; sa mission était d'avertir les autres quand il voyait des terres au loin, apercevait un récif dangereux dans la mer ou encore lorsqu'un autre bateau approchait.

Trouve 8 lanternes.

C'était pour leur grande capacité de **stockage** que les nefs et les caravelles ont été utilisées lors des longues traversées. Les marins pouvaient stocker des tonneaux contenant de la farine, de l'huile, du vin, du poisson séché... Ils emportaient même des animaux vivants !

5 poulets se sont échappés. Les vois-tu ?

Chaque marin recevait une **ration d'eau** par jour ! L'eau était conservée dans des tonneaux stockés dans les cales du navire.

C'est en voulant se rendre dans les Indes orientales que **Christophe Colomb** a découvert l'Amérique, (appelé le Nouveau Monde), à bord de la nef, la *Santa María*. Il y avait aussi deux caravelles : la *Pinta* et la *Niña*.

Cherche 3 malles sur le bateau.

Les nefs et les caravelles avaient plus de **mâts** et de **voiles** que les précédents navires. Ces progrès techniques leur ont permis d'effectuer des voyages encore plus longs.

À toi de trouver 5 échelles.

LES BATAILLES NAVALES

Durant plusieurs siècles, les batailles navales ont fait rage sur les mers et océans du monde entier. Devenus de plus en plus rapides et maniables, les navires ont été équipés de canons afin de causer d'importants dégâts sur les bateaux ennemis.

Le **capitaine** et ses **aides** devaient couler le bateau ennemi sans subir trop de dégâts.

Vois-tu 6 mouettes qui fuient le combat ?

Trouve les 8 guerriers qui n'appartiennent pas à cette époque.

Comment fonctionnait un canon ?

La **poudre** était versée dans le canon puis on la « bourrait » afin de la pousser au fond. Le boulet était ensuite placé dans la gueule du canon.

Une fois la **mèche** mise en place, les artilleurs pouvaient ajuster leur tir.

Il suffisait d'**allumer** la mèche pour déclencher la mise à feu du canon.

L'**intérieur** était nettoyé pour éliminer toute trace de poudre ; le canon était de nouveau prêt à l'emploi.

Les batailles navales causaient beaucoup de **victimes** et détruisaient des flottes entières de bateaux.
9 marins sont tombés à la mer. Les vois-tu ?

Le premier tir de canon visait systématiquement le **timonier**, car c'est lui qui était à la barre et manœuvrait le bateau.
Vois-tu 7 poissons volants ?

LES GALIONS

Le galion est né de la fusion entre les nefs et les caravelles. Ce navire allie la capacité de charge des nefs à la maniabilité et la vitesse des caravelles. L'Espagne fut le pays qui construisit et fit naviguer la plupart des bateaux de ce type, principalement pour l'exploration, le commerce et la protection de ses colonies américaines.

En raison du temps passé en mer, les **cales** des galions étaient pleines de vivres pour nourrir les équipages. **Un marin s'est endormi. Peux-tu le trouver ?**

4 coffres ne se trouvent pas dans la cale du navire. Cherche-les.

Les galions espagnols – qui rapportaient en Espagne les marchandises provenant des **colonies américaines** – étaient des cibles très convoitées par les pirates. **Le cuisinier a perdu 3 poulets. Les vois-tu ?**

Un galion typique du XVIIe siècle pesait près de **500 tonnes** et avait un effectif d'environ 90 marins. Chaque marin avait une fonction bien précise, ce qui permettait à ces grands navires d'être rapides et maniables. **À toi de trouver 6 bouteilles de rhum.**

Les **galions** étaient décorés selon leur importance et portaient généralement des noms de saints ou de vierges.
Trouve 5 seaux en bois.

LES GRANDS VOILIERS

Grâce à leurs nombreux mâts et voiles, les grands voiliers sont devenus des navires incontournables dans le transport de marchandises. Rapides et maniables, ils ont été remplacés petit à petit par les bateaux à vapeur.

À toi de trouver 3 objets qui n'appartiennent pas à cette époque.

Le **clipper** (qui signifie « ciseaux » en anglais) est né au XIXe siècle. Ce grand voilier a été conçu pour convoyer des marchandises aussi rapidement que possible. Il a surtout été utilisé pour le commerce du coton et du thé, entre l'Europe et l'Asie.

6 ballots de thé sont tombés en mer. Cherche-les.

Ces voiliers pouvaient également descendre jusqu'au **cap Horn** afin d'atteindre le Pacifique et se diriger vers la côte de la Californie. **5 dauphins nagent près du voilier. Les vois-tu ?**

À toi de trouver 1 bougie.

La construction du **canal de Suez**, puis du canal de **Panamá** a écourté les routes maritimes, rendant les voiliers moins compétitifs. Les bateaux à vapeur, plus rapides, sont alors devenus le principal moyen de transport maritime.

Combien y a-t-il de voiles sur les 3 mâts principaux ?

Certains de ces navires pouvaient avoir jusqu'à cinq mâts. Grâce à leur rapidité et à leur grande capacité, on leur a confié le **transport de marchandises** vers les zones les plus reculées du globe.

Un panda a embarqué sur l'un des voiliers. Le vois-tu ?